LES PETITS BONHEURS

Marie TUYET

Illustration de l'auteur

# LES PETITS BONHEURS

Marie TUYET

BoD- Books on Demand
12/14 Rond-point des Champs Élysées, 75008 PARIS.

©2018 Marie Tuyet

Éditeur : BoD- Books on Demand

12/14 Rond-point des Champs Élysées, 75008 PARIS.

Impression BoD-Books on Demande, Allemagne.

ISBN : 978-2-322-118618

Dépôt légal : avril 2018.

*Je remercie très chaleureusement Philippe Derckel pour son soutien indéfectible à mon encontre et sa très précieuse amitié.*

*Ce recueil de poèmes est dédié à mon cher Papa qui nous a quitté au moment où j'écrivais ces lignes et qui a inspiré non pas seulement bon nombre de ces poèmes, mais la vie que je lui dois.*

*À ma mère et ma famille qui continuons la route*

*Aux chercheurs de Ciel.*

## Préface

Il est des rencontres jaillissant du puits des songes, se posant sur la margelle du monde en l'éclaboussant d'une pure lumière.

Il est certes des musiques qui comblent les mots de leur silence.

Il est aussi des mouvements qui transcendent l'agitation afin de déposer les âmes sur une immobilité rassurante.

Il est également des gouttes d'eau qui remontent au ciel afin de nous guider par leur transparence.

Il est alors des vies qui ne peuvent vaincre les obstacles que par l'onction sacrée de la poésie, source d'infinie splendeur.

Marie TUYET nous offre aujourd'hui, à la suite de nombreux et précieux ouvrages, ses « Petits Bonheurs » ardents et délicats que son talent de douce vigueur dépose au creux de nos rêves les plus intenses. Ainsi, ses paroles écrites s'envolent de la feuille en crépitant telles des étincelles d'amour et viennent s'amarrer à nos cœurs pour y distiller l'incarnation d'une radieuse compassion.
Chacun des « Petits Bonheurs » de Marie TUYET s'établit en invitation au voyage non seulement au sein des paysages de notre planète aujourd'hui en souffrance, mais encore à l'intime de nos paysages intérieurs.

Mer et désert, vent et silence, musique et prière se reflètent
en une harmonieuse rencontre dans les deux œuvres
picturales de l'auteure, subtile proposition de contemplation
…


St Vallier de Thiey, Avril 2018,

Philippe DERCKEL
Poète et photographe

# Les vents contraires

# MON CRI POUR LA FRANCE,
## *Le slam du Poète.*

*Ce matin dans le soleil levant*
*Je pleure sur ma France et sur tous ses enfants…*


Oui j'ai mal à mon pays, à genoux, qui supplie
Qu'on le délivre enfin des lois qui l'asservissent !
Des clowns qui la dirigent, s'accrochant à la lice
Et tels des vampires, nous broient jusqu'à la lie.

J'ai mal à la France, à tous ses égoïsmes
Qui la ferment de toutes parts, en criant au « CIVISME ! ».
J'ai mal aux étrangers, nos frères dans la tourmente
Qui ont donné leur sang au temps de l'épouvante,
Et qu'on montre du doigt, enfermés dans les cages
Des ghettos des cités, véritables marécages
Que nous avons bâtis en leur tournant le dos
Pour être sûrs que demain, ils ne volent notre écot.

J'ai mal à nos frontières, d'orgueils et préjugés,
Qui verrouillent nos cœurs, repoussant l'Exilé !
Oubliant que nous-mêmes sur des chemins d'exode
Avons fui sous les bombes, les sanglants épisodes
De cet infâme fou, qui au nom de la « Race »
*Blanche*, tuait tout, en laissant sur les places
Des foules et des vagues de familles et d'errants
Déchiquetés, laminés, affamés et sanglants.

J'ai mal à mon pays qui ne veut de partage

Ni de riches, ni de « pauvres », et encore moins d'hommes fiers
Qui vivraient libres et droits au milieu de leurs pairs
En paix et sans mépris, ni toises de misère.

Enfin ! Que l'on me dise, qu'avons-nous à gagner
À critiquer sans cesse, et hurler sans bouger ?!
Nous enfonçons nos vies aux bourbiers d'un marasme
Qui nous tuent lentement, sous les feux des sarcasmes.

De quoi as-tu donc peur, France, *des Cœurs libres ?*
Où es donc ta Joie, ta charité d'hier ?
Tant d'hommes pour toi sont morts dans la poussière
Laisserais-tu à l'oubli tout ce sang infertile ?
J'ai mal à nos forêts, nos rivières, nos pairies
Et au petit rouge-gorge qui s'envole à midi.
J'ai mal à nos fermiers, qui triment leur vie entière
Et qu'on laisse périr enchaînés à la Terre…

Où est donc ce pays que nous ont légué nos pères
Comme un trésor précieux, à veiller, et prospère ?
Nous voici tous exsangues et comme sans espérance
Asservis aux marchands de biens et d'arrogance,
Abruties, endormies, quand donc viendra l'éveil
Des âmes appesanties sur elles-mêmes, sans soleil ?

J'ai mal à mon enfant qui grandit sans savoir
Quand donc sera ce monde de sourire et d'espoir ?
J'ai mal à tous mes rêves, d'enfant, d'âme et de femme
Et à l'Amour si beau, qui s 'éteint dans les flammes.
Et j'entends ceux qui jasent, qui disent que je suis folle

Que rien de cela n'est vrai, et qu'en tout j'extrapole !
Voyez donc les glaciers, les îles et les pauvres
Rejetés à la mer, d'un bout à l'autre des pôles,
À cause de vos envies, insatiables et perfides
Rejetant sans vergogne quiconque s'interpose…

*Je t'attendrai là-bas, sous l'arbre aux branches libres*
*Mon Pays, mon Amour, ma Terre nourricière,*
*Dans les murmures des feuilles, les pieds dans la Lumière*
*Je chanterai sans cesse le jour où tu viendras.*

*Oui je te donne en ce jour, mon souffle, mon espérance,*
*Et les âpres combats qu'il me faudra mener,*
*Pour qu'enfin tu renaisses, mon pays, ô ma France*
*De tes peurs et tes haines, à jamais délivrée.*

*Le 5/11/2015.*

## LE CHIEN, LE PETIT POISSON,
## Et L'OISEAU.

"- Moi, dit le bon gros chien, je cours dans le jardin
Et certains jours de joie, je pars en promenade…
Que j'aime ces heures où les terres vivantes s'offrent à moi !

- Moi, dit le petit poisson, chaque jour je tourne en rond.
Chaque heure qui passe ressemble à l'autre
Mais que j'aime ces heures de paix et de joie !

- Heureuses créatures ! dit l'oiseau dans un murmure,
Qui trouvent dans l'instant Beauté et Joie de vivre
Et puisent leur Liberté à l'endroit même où elles vivent !".

*Le 21/10/2016*

# SUR LE DOS DE LA MER

Et la mer les emporte
Les grands yeux, les corps blessés
Sur son dos de collines
Mouvantes d'espoirs et de rêves

Ils ont tout perdu
Ne reste qu'une lueur
Pâle et mince
Comme un filet troué

Lueur d'une terre où une main se tendra
Lueur d'une porte qui s'ouvrira
Pour d'autres hommes en qui l'on croit
Malgré la déchéance
Des haillons
D'une autre langue
D'une autre foi

S'envolent les oiseaux et les rêves
Une terre s'entrevoit

Seuls des fusils et des hommes qui mordent
Comme des chiens fous
Seuls des regards de travers
L'hostilité d'un peuple-roi
Qui a tout et ne veut rien donner
En partage

S'envolent les oiseaux et les rêves

Haines et lâchetés
Indifférence, hostilités

Pauvres arches de Noé

L'oiseau ne reviendra jamais
Ni les rêves ni l'espoir
D'un monde meilleur

Qui d'un côté ou l'autre de la mer
N'est que haines ou barbelés.

Le 10/04/2018.

# JE T'OFFRIRAI

Je t'offrirai les larmes de la mer
En sépulture

Je suis riche pourtant
De rêves d'hommes et de femmes
D'enfants qui jouent
D'une maison ouverte aux collines
D'un jardin de fleurs et d'amis

Je t'offrirai les larmes de la mer
En sépulture

Car je n'ai que cela :

Un pays *libre* où les lois
Sont notre parjure
Notre honte et notre blasphème
Et nos vies lâches sacrilèges…

Et sur ma table du pain des fruits
Dans ma maison des chambres vides
Qui s'empoussièrent

Comme nos cœurs vides
Comme nos âmes mortes
Reflets de notre terre.

Alors je t'offrirai les larmes de la mer
Car elles au moins te berceront
Comme une mère

Puis te broieront
En leurs eaux salutaires.

Le 10/04/2018

# SE CHERCHE UNE TERRE

Se cherche une terre
*Pour tous*
Se cherche une terre

Terre amie
Terre fertile
Terre nouvelle

Se cherche une terre
De cœur

Cœurs amis
Cœurs fertiles
Cœurs ouverts

Se cherche un trésor
De vie partagée
Sans haine ni envies

Se cherchent des âmes libres
Et vraies
Sans calcul

Un petit coin de ciel
À vivre
*Pour tous*

Terre promise des cœurs endurcis
Désert immense de nos pauvres vies
Inutiles et desséchées

Et je demande et je demande aux âmes :

*Quel avenir possible à continuer ainsi ?*

*Le 10/04/2018.*

# ALORS UNE PRIÈRE.

Alors je t'offre une Prière
Une prière simple qui monte jusqu'au Ciel
*Larmes larmes de sang des sans-terre*

Alors je t'offre des mots de Silence qui coulent
*Larmes larmes de vie de misère*

Semences

Pour la terre féconde des âmes en devenir
Et qui s'éveillent à l'aube
Des jours nouveaux.

TERRES PROMISES…

*Le 10 /04/2018.*

# LES CHEMINS d'EMMAÜS.

Sur les chemins d'Emmaüs as- tu vu mon amie ?
Elle marchait et son cœur était transpercé

De lancinantes pensées :
"*Dieu existes-tu ?* "
"*Es -tu ce petit souffle dans mon âme, si doux, si doux ?*"

Sur les chemins d'Emmaüs, Seigneur, as-tu vu mon amie ?
Et son cœur disait : " *Je saigne et ma vie ne sait plus par où
croire et aller.*"

Et moi je Te vois qui T'approche pour essuyer ses larmes
Et Tu dis :

" *Enfant, c'est aujourd'hui.
Je suis Souffle pur, et toi, tu es la Vie.* "

*Juin 2017*

21

# LE CLAPOTIS DES SAULES.
*À mon père malade (2015).*

Dans le clapotis des saules
Mon âme tressaille aux vents.
Seule, dans la tourmente des heures et des jours
Je me tiens là,
Au carrefour des doutes et des espoirs sauvages…

Si tu devais mourir, ô mon petit papa,
Et quitter notre monde en nous laissant déjà
Et si le Ciel venait te prendre là ?

Laisse-moi le temps
De te dire que je t'aime
Et toutes nos années de joie,

Laisse-moi le temps encore
De demander au vent
Au Silence et aux saules
Qu'ils me donnent la force
De nous quitter déjà,

Et demander au vent
Qui danse sous les saules
De venir puiser là
Ce qui manque à mon âme
Pour t'arracher à moi.

# COMME UN PETIT OISEAU
## (À mon amie Khanh).

I.

La vie nous prend, la vie nous broie
Puis te sauve puis te noie
Ô mon amie ma sœur que s'ouvrent en grands nos bras !
Impuissants mais sincères
Tandis que ton trépas
Montre sa face, soudain t'appelle
Sans que l'on sache où tu t'en vas.

L'instant d'après te revoilà
Et ton sourire est notre joie.

*Que jamais ne cesse cet amour*
*Qui nous ouvre en grands nos bras*

Sur les rives d'incertitude
La vie nous prend, ma vie nous broie
Que jamais ne cesse le Souffle
Qui nous ouvre en grands les bras.

II.

Comme un petit oiseau, qui tremble dans l'Aurore
Voici que tu t'envoles, ô notre douce amie !
Que mes larmes et mon chant t'escortent jusqu'au Port
Où se murmurent la Vie et l'Amour infinis…

As-tu bu à la Source et au sourire des anges ?

23

As-tu touché les rives, de Lumière, d'Harmonie ?
As-tu trouvé le pont céleste où nos louanges
Te mèneront là où tout est Infini.

J'allume dans le ciel une petite étoile
Celle que mon amie a semé dans mon cœur,
Et quand lasse est mon âme, et si lourdes mes voiles
Que mon pauvre navire ne sait plus où aller,
Il me reste l'éclat de ta douce lueur
Pour prier en mon cœur et éclairer mes nuits.

Comme un petit oiseau, qui danse dans l'Aurore
Voici que tu nous quittes ô notre douce amie,
Que s'ouvrent en grand tes ailes, que se sèchent nos larmes,
Que vive notre amie au Grand Souffle de Vie.

Khanh, le 27 décembre 2015.

## L'ARBRE NE SAIT PLUS
## VERS OÙ SOUFFLE LE VENT.


*Tu cherches à renaître d'amour.*
Par l'épouse, par l'époux et les enfants en chemin.

Tu cherches un nouveau sens à tes jours.
Après le fruit donné l'arbre ne sait plus vers où souffle le
vent
Ni pour qu'elle nouvelle terre il danse,
Car des fruits il n'en donnera plus !
Ses branches sont trop lourdes,
Ses feuilles sont trop sèches.

*Tu cherches à renaître d'amour.*
Le vent a entendu ton chant dans les branches.
Il se pose comme l'oiseau nouveau.
- Oh ! Comme son chant est beau !

*Tu cherches un nouveau sens à tes jours.*
Du nouveau chemin où tes premiers pas se posent
Tu ne sais rien. Tu ne sais rien d'autre que ton cœur qui bat
Et qui appelle encore l'Amour.


*L'Amour est dans le vent nouveau.*
Il portera tes pas comme la semence nouvelle qui n'a pas
encore de nom
Mais qui dira à l'époux, et soufflera à l'épouse :

*"Ne crains pas. Je suis en marche dans vos pas*
*Je vous conduis en terre nouvelle*
*Ensemble, une brassée d'épis dorés dans vos bras ".*

*Mai 2017.*

# DÉSERT D'AMOUR.

Quand il ne tiendra plus, le fil d'Amour
Qu'à un cheveu dans le vent
Alors souviens-toi de l'aurore qui chante au firmament…
Et puis, pars.
Pars au désert, pars à la source
Et aux chemins s'enrocaillant.

Quand tu arpenteras les chemins de l'hiver,
Sans les caresses ni les mots doux,
Prends ton bâton et ton manteau de larmes
Et pars sur les chemins du cœur…
Marche. Marche jusqu'aux fêlures intimes,
Jusqu'aux cris de silence et aux combats perdus.

Marche ! jusqu'aux brisures, jusqu'aux non-sens,
Et aux heures perdues des douloureux silences…
Les nuits d'errance, les jours sans but,
Là où l'être aimé peut-être se trouve
Solitaire et perdu.

Cherche un puits au désert,
Et aime jusqu'aux doutes et aux larmes amères,
Jusqu'aux peurs crevassant les abîmes
Aime les abîmes, les abysses, les ravins
Et les tourbillons de colère, les torrents de chagrin.

Aime au plus profond du silence et des doutes
Jusqu'aux sécheresses de la chair et de l'âme

Là où plus rien ne pousse, ni le rêve, ni la fleur
Et qui en ces instants, ne sait plus rien et se meurt…

Et quand tu auras tout saigné, tout souffert, tout aimé
Quand tu auras bu jusqu'au sang de l'amertume
Se déchirera le voile de toutes vos déchirures.
Se toucheront les ombres des choses incomprises,
Et tu verras. Tu le verras debout, devant toi,
Le petit fil d'amour, comme un cheveu de soie
Dépouillé et sans arme, tremblant dans la Lumière,
Palpitant, murmurant
Épuré, simplifié
Appelant, appelant !
Appelant le retour du baiser sur la bouche
Le toucher de la main sur le corps pantelant…
Appelant dans le jour le pur Instant qu'on touche
Et toutes les mines d'or, les brassées de diamant.
Ô mon Cœur, il est des morts qui n'en sont pas
Mais qui appellent à vivre au plus profond de soi :

*Qui appellent*

*Quelque chose de plus vrai*
*Quelque chose de plus grand*
*Quelque chose de plus simple*
*Et qui ne mourra pas.*

*Le 4/10/2016*

# MON COEUR S'EN EST ALLÉ.
*(Décès de mon père, le 8 janvier 2017).*

Il est parti sur des chemins amers
Le Cœur gonflé de Vie pourtant
Tandis qu'au ciel de l'aube
Une petite étoile brillait encore….

Mon cœur s'en est allé quand l'aube s'est éteinte
Et la maison soudain s'est toute remplie de larmes…

Où t'en vas-tu, Chair de ma chair, Vie de ma vie ?
Je reste ici
Mes mains sont inutiles
Et mon chant se brise
Aux murs du Silence…

Qui fera revenir l'Aube ?
Qui rallumera l'étoile de nos rires ?
Et les rayons de lune pour mes nuits obscures ?
Et le chant de la Vie à mon cœur pauvre,
Éteint et sans vie ?

Il est parti sur des chemins amers
Le cœur gonflé d'amour pourtant.
Pourtant je sais un chemin de souffle et de vie
Qui s'ouvre quand on meurt…

Mon cœur te suit là où tu vas.
Là où tu vas plus rien ne meurt

Puisque l'on s'aime… Puisque l'on s'aime,
Notre amour est Temps et Lieu, et l'unique Royaume
Qui jamais ne finit, où s'embrasent les âmes…

Qui dit que la terre est royaume ? Non,
Elle ne l'est pour personne, Ô monde de poussière et de
sang !
Poussière de larmes, marches d'exil…
Terre ! Peux-tu être ce chemin
Par lequel nous pousseront des ailes… ?

Ouvrez-vous mes ailes ! Et toi chemin, conduis-moi
Conduis-moi doucement au Lieu Suprême
Qui s'ouvre pour chacun quand l'Amour nous rappelle …

Mon cœur s'en est allé…
Là où il va tu es aussi.

*Mon cœur se remplira du Ciel que tu goûtes*
*Aujourd'hui et chaque fois que*
*Je pleurerai et m'élèverai*
*Vers toi.*

*Le 2/12/2016.*

## JE REVIENDRAI AVEC LE PRINTEMPS.

Je reviendrai avec le printemps.

Quand toutes les choses mortes seront parties avec l'hiver,
Et que le vent glacé aura tout emporté
Les brisures de chagrin, les sanglots de douleur,
Dans la plainte éplorée des volutes des airs
Qui ne chercheront plus un petit trou d'eau pour boire.

Oui, je reviendrai par les oiseaux nouveaux.
Et sur leurs ailes d'ange je chanterai aussi
Les premiers soubresauts de la source qui s'éveille
Aux craquements du monde qui vrombit et gémit.

Mais pour l'heure, laissez-moi encore mes nuits de haillons.
Tantôt de lumière, tantôt de charbon …
Et les morsures de l'hiver à mes larmes éperdues
Je les veux toutes ! Pour que rien ne se perde de cet amour si grand
Que tu versas goutte à goutte durant ma vie d'enfant.

Je me perdrai peut-être au vol de l'harfang
Qui déploiera ses ailes jusqu'au firmament.
Peut-être m'entendras-tu dans le désert de neige
Courant le renard blanc, mes larmes en cortège …

Je chercherai peut-être, en un dernier sursaut
La trace de tes pas dans le manteau de neige.
Tu entendras ma plainte dans celle des roseaux

Quand les glaces du fleuve s'en iront vers la mer…

Mais quand soudain je lèverai la tête
Ton doux sourire de père en ses bras me prendra.
Alors l'hiver si froid s'en pourra bien partir !
Un seul sourire de toi et tout s'envolera.

Mais pour l'heure, laissez-moi encore mes sanglots et mes
larmes !
Qui me brûlent comme un feu qui ne veut pas s'éteindre…
Je crains en les perdant de te perdre dans leurs flammes
Et ne plus retrouver la lumière de nos jours …

Aussi de cet hiver glacé je ne crains ni grésil, ni cri de
blizzard,
À moi ce qui est froid, insensible et sans âme !
À moi les étendues où mon souffle se perd…

Je reviendrai avec le printemps.
Une petite chose neuve, informe et pleine de rêves,
Et des brassées d'espoirs comme des épis nouveaux…

Et aux dernières glaces du fleuve Saint Laurent
J'accrocherai mon cœur
Et tous nos souvenirs et mes brisures d'enfant
S'en iront gonfler
L'Océan.

*Castelnau, le 10 février 2017.*
*(Départ pour le Québec).*

## NE PLEURE PLUS Ô CŒUR DE PÈRE.

Ne pleure plus, ô cœur de Père
Pour nous tu as tant souffert…
Tout ce que tu n'achevas pas
Pour nous ici- bas, te brise.
Moïse lui-même n'atteignit pas la Terre Promise !
Mais il l'offrit en germe à ceux qu'il guida.

Aussi ne pleure pas :
Nous trouverons la nôtre !
Celle que tu vis par delà-nous,
Que tu semas au long des jours,
En nous, lorque tes nuits furent froides.

Tu t'es offert sans bruit comme le Fils en Croix
À travers les affres de la lutte à mort.
Nous étions là. Pauvres et si petits.
À genoux devant toi, comment te dire nos larmes ?
Tu t'es donné d'amour jusqu'au sang
Du corps et de ses souffrances ultimes.
Ton sang a coulé dans nos mains
Et quand tu as eu soif, nous t'avons donné à boire.

Nos vies s'abreuveront du Ciel quand tu le toucheras,
Et tu n'auras plus jamais soif.
Nos âmes s'éveilleront
Au cri de notre Père
Qui s'éteignit sans bruit
Comme pleurait la nuit.

Nos âmes se vêtiront
De l'habit de lumière

Qui sera tien demain
Et nous verrons ! Et nous verrons,
Ce que tes yeux voient enfin
Et que ton cœur
Savait
Déjà.

*Le 9 janvier 2017.*

# QU'EST-CE QUE LA VIE ?

Sur les chevaux sauvages de ma tourmente
Je cherche je cherche un appui
Et je pleure et je pleure comme une errante
Mon Amour, mon Amour, qu'est- ce que la Vie ?

C'est le petit éclair brûlant trouant l'espace
C'est ton rire sur la route et l'oiseau dans mon chant
C'est le pain sur la table et son parfum chaud qui monte
C'est ta soif dans ma soif comme un souffle de vie

C'est les jours traversés au clapotis des heures,
Main dans la main, entre silences et rires,
Et l'éclat de la vague qui à nos pieds se meurt…

C'est l'enfant qui s'en va dans un éclat de rire
Sans même se retourner pour voir couler nos larmes
Et nos cœurs qui la veillent au plus profond des nuits.

C'est l'Étoile qui brille quand un jour tout finit
Que je regarde le Ciel, disant : " Il est parti…".

*Et que je pleure, et que je pleure, sans bruit.*

Le 23 juin 2017.

# QUI EST MORT ? QUI EST VIVANT ?

*Qui est mort ? Qui est vivant ?*

Et sur cette terre tu pleures, tu pleures celui qui meurt…
Et tu dis : "Le Ciel n'est pas."

*Qui est mort ? Qui est vivant ?*

Est-ce celui qui me quitte, épuisé par les luttes et la coupe
d'amertume ?
Est-ce moi qui reste là, perdue, parmi les larmes de
l'infortune ?

Est-il vivant celui qui meurt ?

Je traverserai la vallée des morts,
Je puiserai une force neuve
À la source des larmes se creusera la tombe
Des soupirs et des larmes, des larmes et des ombres.

Puis,
Comme toi,
J'entrerai dans la Vie.

Le 4 juillet 2017.

## VIENS-T'EN SUR MES GENOUX.

Ô enfant de mon Amour, viens-t'en sur mes genoux !
Comme coulent nos larmes pour celui qui nous quitte !
Dans la maison qui pleure que s'apaise le courroux
De nos heures fragiles, de nos cœurs qui s'agitent…

Je te dirai les vies des âmes qui un jour
Volent vers d'autres cieux en quittant notre port.
Ne reste que poussière dans la douleur des jours
Les âmes sont vivantes mais seuls se meurent nos corps.

Il est un autre corps, subtile et de lumière
Qui ne connaît de mort que celle de notre oubli.
De gloire il se pare, d'Amour il se revêt
Rejoint ce lieu du Cœur que l'on dit Source et Vie.

Les âmes sont vivantes ! jamais elles ne se meurent,
On les dit Bienheureuses quand elles rejoignent DIEU.
Cherche le PUR AMOUR, et là, fais ta demeure
Cherche la PAIX DU COEUR, tu trouveras les deux
Les âmes qui t'éclairent, le Père qui t'appelle,
Sont aussi ce pays qui les contient heureux.

Là-bas, le temps n'est pas. Là-bas, il n'est d'espace.
L'Amour est un état, en son feu tout s'unit.
Cherche l'Amour toujours, donne-lui toute la place
Ô Énergie Suprême ! Mystère de la Vie !

Cherche l'Essence pure, et veille le Mystère…

De cet endroit de Dieu entrevois la lueur !
Que tu ries, que tu pleures, ne crains pas le désert,
Chacun en porte un germe dans le coffret du cœur.

Dès qu'en moi tu fus née, naquit en toi la grâce
De trouver le chemin qui conduit à l'Aurore
Que tu sois doute ou foi, n'en perds jamais la trace
La Vie est la promesse de chacune de nos morts …

*Le Ciel est bien ce Lieu de l'Amour Infini*
*Pays des hommes libres, qui rejoignent le port…*
*Crépite Ô mon Âme ! Petit morceau de Dieu,*
*Se ravive La Flamme, chantent les Bienheureux …".*

Enfant née de l'Amour, viens -t'en sur mes genoux
Que se sèchent nos larmes au matin de la mort
Dans nos bras en demeure, que s'enfuie le courroux
Qui agitent nos âmes, fragiles, dans l'Aurore.

*Le 13/01/2017.*

## LA MAISON QUI PLEURE.

Dans la maison qui pleure un chagrin s'est perdu

Qui se cogne et qui erre sur des chemins pentus

Un soleil à la branche vient frapper au carreau

Aujourd'hui c'est dimanche en des sanglots d'oiseau

L'océan de mon cœur est un raz de marée

Qui submerge les heures de ma vie éplorée

À travers les brisures de nos cœurs en morceaux

Alourdis et sanglants claquent les oripeaux

De nos larmes et douleurs

Cœur éclats en morceaux.

# LA LAGUNE.
### (À mon mari et ma fille)


Portée par votre amour, je traverse les jours
Contre vents et marées, me voici transportée
Quel est donc ce miracle, votre cœur-tabernacle
Comme source vivifiante, à mon âme pantelante… ?

Et quand souffre le corps, que s'entrevoie la mort
Vous voici toujours là, un sourire près de moi
Et nos mains qui se touchent, sans que parlent nos bouches
Me voici enveloppée d'un manteau de bonté…

Portée par votre amour, je traverse les jours
Lorsque monte la lune, s'éclaire la lagune
De mille faisceaux d'argent, je suis lasse, et pourtant
Vivantes offrandes pures, que s'effondrent les murs…

Portée par votre amour me voici de retour
À peine cabossée, de nouveau vivifiée
Et quand monte la lune se pare la lagune
De mille ruisseaux d'argent, je danse dans le vent.

Le 12/03/2017.

# LA LUMIÈRE DES CHOSES.

*J'aime la Lumière, la Lumière des choses ...*

Sans cesse je la cherche. Jusqu'aux larmes,
Jusqu'aux rires,
Jusqu'aux gouffres,
Et aux intimes déchirures.
En chaque fêlure,
Une promesse d'élévation se tient
Blottie, en germe, prête à jaillir, enfin !

*La vois-tu ?*
*Aussi, moi, j'aime la Lumière des choses !*
*... Et je lui appartiens.*

Et si se glissent, furtives, les ombres,
Que se brisent ces liens !
Ténèbres noires, forces du sombre,
Que je combatte jusqu'au matin

Ombres tenaces, racines premières,
Primaires, substrat originel
Du chaos primitif où je me tiens…

Ah ! tumultueux pièges ! Je ne peux être à vous
Vous qui n'êtes que mort…
Car la Lumière m'appelle,
Et me porte en ses mains.

*Ô Lumière vivante ! Je suis ta vie,*
*Et petite âme libre*
*Je demeure où est ton nid.*

*Ombres de soufre loin de ma trame,*
*Fuyez ! À la Source de Vie, je suis !*

*Car je suis FEMME*
*Car je suis VIE*
*SOUFFLE INFINI…*

*Quoi ?! Ne le saviez-vous pas ?*
*Quand on est Femme, on contient tout cela…*

*Alors fuyez ! Et retournez aux abysses*
*Du sombre.*
*La Lumière viendra aussi là*
*Et vous prendra toutes*
*Sous son ombre …*

*Le 27 / 01/2016*

# Poèmes en voyage

Alors je partirai, mes poèmes en voyage
Sur les routes du monde j'accrocherai mon cœur
J'hisserai la grand-voile, et sur le bastingage
Je scruterai les îles comme possibles demeures.

Tout au fond de la mer se cachent des sirènes
Et des poissons d'argent qui brillent de mille couleurs.
Aux barques des pêcheurs j'attacherai ma traîne
Me laissant dériver aux écumes des heures…

Je trouverai des mots au creux des chauds silences
Et aux sourires amis laissés dans chaque port,
Des montagnes, des rivières, échappées de leur transe
À ma plume se prendront, pour se changer en or.

Les mots aiment qu'on les cherche, là où personne ne sait
Parfois dans un soupir, parfois dans les regrets
Cachés sous un rocher, dansant aux ondes pures
Dormant dans un grenier, s'envolant vers l'azur…

La Parole est voyage, et sans quitter le port
Elle devient un Poème quand s'évanouit le corps
Et me voici regard, silence, éclat du cœur,
Fragile réceptacle, ou pauvre médiateur…

Alors je partirai, mes poèmes en voyage
Les mots en bandoulière accrochés à mon cœur
Quel que soit l'horizon, n'aurai d'autre sillage
Que mes pas dans le vent, au chant vivant des heures.

*Le 23/06/2017.*

## JE M'EN IRAI PAR LES CHEMINS …

Je m'en irai par les chemins, par des chemins de douce
errance
Et dans les voiles des lumières j'abandonnerai mes ombres
Aux sources, aux anges, à toutes les joies…
Et la chair ne sera plus ni prison, ni mortelle,
Car tout aura été souffert, consumé, transcendé.

Que craindre encore des ravins et des gouffres ?
Mon âme est libre !
Comme le parfum ivre et pur des fleurs dans le vent.

Le 8 août 2017.

# UN DEMI MILLION DE LACS, 4500 RIVIÈRES...

J'entends le beluga, glisser dessous le fleuve.
- *Le vois- tu ? Le vois-tu ?*

Un demi-million de lacs, quatre mille cinq cents rivières
Et le fleuve ST LAURENT qui se perd dans la mer...

Sous le torrent pétrifié par la neige glacée
Coule une eau pure en un petit murmure.
J'entends un battement d'ailes dans le vent de l'hiver.
Je ne pourrai dire qui est venu me voir.

Un demi-million de lacs, quatre mille cinq cents rivières
Et des montagnes rondes qui s'ourlent sur la terre ...

Un gémissement dans l'air fait trembler les nuages
À la nuit tombée le froid mord et me glace.
Est-ce le loup qui geint au vent ?

Un demi-million de lacs, quatre mille cinq cents rivières
Et de vastes étendues qui se perdent sous l'éther...

Il dit que l'orignal vient de passer par là.
La terre a des secrets que je ne connais pas.
- *Où est-il, Où est-il ?*

Un demi-million de lacs, quatre mille cinq cents rivières
Et des branches noires et nues qui dansent dans les airs...

Des petits pas dans la neige trahissent le renard blanc.
Il dit : *"- C'est une mère qui nourrit ses enfants"*.
Moi je ne vois rien d'autre que petits trous de neige
Quand trembles et boulots gris ravissent l'ours blanc.

Un demi-million de lacs, quatre mille cinq cents rivières
Et des steppes et des monts suintent des sources claires …

Le harfang prend son envol devant mon cœur battant.
*Je le vois ! Je l'entends ! Ô que le monde est grand !*

Un demi-million de lacs, quatre mille cinq cents rivières
Et le fleuve ST LAURENT qui s'en va dans la mer …

Le 18/02/2017.

## DESSOUS L'ÉCORCE.

I.

Dessous l'écorce coule le sirop d'érable.

Mais toi, tu cries et t'agites en tous sens
Ne voyant rien d'autre
Qu'un tronc d'arbre mort.
Et tu dis *: "- Il n'y a rien ici.".*

II.

Là où les eaux se divisent, chante le peuple des hommes
vrais.
Car ils n'ont besoin de rien d'autre que de la voûte étoilée
au-dessus de leur tête
Et du chant de la terre sous les pieds.

La main sur la peau du tambour chante cela
Et mon cœur cogne et cogne aux hymnes des airs vivants.

Le 17/02/2017.
Québec, Monts Ste Anne.

# LE TRAÎNEAU du PETIT ALGONQUIN.

Mon cœur est rempli de peurs et de choses inutiles.
Aux branches des grands bois
Les y ai accrochées.

*- Glisse ! Glisse mon traîneau*
*Sur le sentier de neige !*
*Glisse mon traîneau léger !*

Aux branches des grands bois les y ai déposées.

*- Vole ! Vole mon traîneau de neige !*
*Va mon traîneau léger !*

Et maintenant je vais par les vallées désertes
Où me porte le vent et mon traîneau ailé.
Les chiens filent droit devant sur l'horizon de neige
Sur l'horizon de neige les créatures ailées.

*- Glisse, glisse sur la neige !*
*Vole mon traîneau léger !*

## LE REGARD ÉPERDU.
### (Terres Navajos, voyage 2011).

## I.

Ici il n'y a rien.
Sécheresse aride des rocs d'ocre rouge…
La chaleur écrase même le silence
Et jusqu'au moindre caillou.

Crie la Soif,
Aux vastes étendues où se perd
Le regard éperdu de l'Homme
Démuni.

## II.

Roches rouges pétrifiées par le temps…
Immobiles
Massives
Surgies du Néant.

On dirait que tout est mort
Et les sillons de sang
Hurlent au vent…

On dirait que tout est mort…

Et pourtant je sais une source

Là, quelque part,
Qui chante au désert.


## III.

Le ciel tombe dans l'eau du lac Powell.
Falaises rouges et blanches s'y mirent et s'y moirent…
D'émeraude sont les ondes qui murmurent au vent.

*Ô mon âme ! Entends-tu les airs vivants ?*

L'esprit Navajo n'est pas mort.
Il baigne chaque crique
Ourle chaque vague
Et jusqu'aux cotons des nuages
Qui dansent tout là-haut.

# L'ÎLE OPALINE

(Île de Whiteheaven, Barrière de corail, Australie).

À l'horizon des vagues bleues
Se devinait l'île opaline
Divine, cristalline

Mais jamais, jamais dessous le ciel
Si pur joyau ne se pensait
Pur diamant de blancheur d'émeraudes
Serti aux clapotis des ondes
Si pures

Jamais jamais ne s'étaient vus
Dessous le ciel de tels Beauté
Et de Silences immenses…

Et aux rivages immaculés fouler l'immensité
De la mer de l'éther

Tout ce qu'on a connu
Tout ce qu'on a vécu
Se perd, s'oublie
Se recompose
Aux vagues claires
Si claires…

Je pleurais dans la beauté des choses sans nom
Et toi, tu te fondais en elles…

# LA PIROGUE
## (Moorea)

C'était une pirogue qui dansait sur les flots…
Sur le rivage bleu quittant l'ombre des palmes
Ses cheveux longs flottant au-dessus de son pagne
La belle Vahiné s'en allait dans les eaux

*Ne voyait que son prince chevauchant les remous*
*Ne voyait que son prince qui bravait le Grand Tout*

Ô Belle Vahiné traversant les écumes
Claires et poudrées de sel d'embrun et d'or
La pirogue approchait, tu es montée à bord

*Ne voyait que ton prince chevauchant les remous*
*Ne voyait que ton prince qui bravait le Grand Tout*

Et vous voici partis tous deux vers l'horizon
Au large de l'Amour et du lagon turquoise
Flottaient vos cheveux longs dans la lumière du soir
Se mêlant à la brise vos vagues et chansons.

Ô Belle Vahiné je me souviens de vous
Jeunes enamourés aux vagues abandonnés
Dans l'écume des ondes chevauchant les remous
Vos silences unis ne voyaient que l'Aimé.

Et le silence d'or se couchait sur vos rêves
De vie de jour de mer et de lagon bleuté
Et votre liberté voguait aux ondes fières

La pirogue d'Amour aux écumes nacrées.

Le 10/04/2018.

# TU AS GRAVI LA MONTAGNE.
*(Montagne sacrée de Hua Shan, Chine).*

Tu as gravi la montagne.
Celle des anciens et des mythes.
Et ton corps a pleuré toute la sueur de l'étouffante chaleur.
En haut, te souviens-tu comme tu étais léger ?

Tu as aimé les nuages qui se laissaient toucher.
Aux rocs pétrifiés tu as entendu la plainte du poète mort
Gravée dans leur peau de schiste gris.
Le poète de ce pays, tu as pu le comprendre
Car toi et lui parlez le même langage.

Tu as gravi la montagne
Et tu es devenu léger.
Le soleil se levait alors sur un monde nouveau.

*Le poète n'est pas mort pour rien.*
*Le rocher porte en lui ses larmes*
*Elles sont vivantes par le cœur de l'homme qui les reçoit.*

*Le 21/02/2017.*

# LES PETITS SENTIERS DE CHINE.
*(Villages   antiques de Chine, Province de l'Anhui)*


## I.    PETITS CHAUSSONS.

*L'on marchait par les ruelles et les portiques antiques*
*Des petites fleurs crevaient les murs en des sursauts de vie*

Une femme aux mains de Maître
Travaillait la laine en des gestes d'ancêtre
En nous voyant paraître elle souleva la tête
En un doux sourire elle lança sa navette.

Le vent chaud sentait l'humide et la rivière
Et les maisons de chaux, la terre battue.

*Au seuil de porte*
*Suspendus dans l'air et brodés à la main*
*Des petits chaussons séchaient au vent.*


## II.    LE PONT.

*Nul n'aurait pu dire où s'en étaient allés les gens...*

Le village était nu
Un vent de désert soufflait par les murs.
Dans la  torpeur du jour
Canards et carpes faisaient des ronds

Dans une flaque une barque plate…
À même la terre d'immenses paniers
De piments nains et de maïs d'or…

*Mais nul n'aurait pu dire*
*Où s'en étaient allés les gens.*

Quand soudain de la brume lourde
Surgit le pont sur la rivière moite

Tout le village était là
À l'ombre du grand toit :

Les vieilles au dos courbé
Les vieux aux mains calleuses
Et des enfants rieurs
Sautillant et piaillant
Comme des moineaux crieurs
Soudain le pont trembla.
Et l'on vit le hachoir
Jailli du fond des nuits
S'abattre sur l'histoire
*Cogne cogne* sous la main du boucher
*Frappe frappe* la viande les mouches noires…

Tout le village était là
Et l'on parlait et l'on marchait
Et ça faisait des grands gestes
Et ça faisait des histories

Des histoires de tous les jours

Autour du boucher de son hachoir
*Cogne cogne, frappe frappe, parle parle*
*Court rit saute*

Des histoires de simples gens
Qui passent et coulent d'entre les jours
Qui passent et coulent
Depuis toujours…


III. PASSEURS D'HISTOIRE.

Il est encore là
Le village fier
Debout comme un guerrier de légende
Le village millénaire

Se lézardent ses murs
S'entasse dans la poussière
Se meurt d'ennui et d'eau

J'entends monter les cris
Combats de haute lutte
- *Combien de sang versé ici ?*
*Combien de guerres ? Combien de drames ?*
Et de jours heureux
Cachés dans les pierres…

Au vent du jour sèche le riz
Le soleil veille

À la rivière les femmes
Plongent le linge et parlent
Geste ancestral
De choses de tout
De choses de rien
Et des enfants qui partent…

Souffle le buffle
En filets de brume grise
Souffle le buffle
Dans l'invisible brise…

Ici pas de route
Mais des rues de poussière
Et une odeur de moisi, partout.
Des poules courent et nous poursuivent…

Au détour d'une rue une porte s'entrouvre
Dans une pièce obscure flotte une odeur de thé
L'intrusion est voyeuse, il faut les yeux baisser
La maison est pudique il nous faut s'en aller…

C'était un sol en terre lourd d'histoire et d'attente
L'attente monotone des familles d'ici
Qui traversent le temps au rythme des gestes lents
Et traversent l'Histoire en toute modestie,

*… Passeurs d'Histoire et de Silence d'or*
*Et de savoirs anciens en chaque jour portés.*

Le 23/03/2013.

## LA BAIE OCÉANE.

Et il me plaît à rêver d'une baie océane
Qui porta mon enfance à mes rêves de femme,
Une baie d'iode et de vents, de lumières fulgurantes
Bercée par les marées, en ses lames ondoyantes.

Une vague frémit. Et voici qu'une voile
La chevauche au plus haut de sa course si folle,
Au hasard des écumes, fumantes farandoles,
Pour venir s'échouer là sur la rive d'opale…

Des pêcheurs s'aperçoivent sous l'ombre du grand phare
Veillant les huîtres claires au rythme des murmures
Des reflets bleu et blancs, qui tremblent au miroir
Du ciel qui s'y perd quand arrive le soir …

Un vol de mouettes, rieuses et chahuteuses
Glisse devant mes yeux, éblouis et ravis
Puis rebondit la voile, aux vagues tumultueuses,
S'étourdissant de vents, sur les crêtes en folie.

Dans les bâches d'eau pure laissées par la marée
Un petit pas d'enfant, loin de tout, oublié…
Et si c'était la mienne, cette trace perdue ?
Déposée par les ans et oubliée des nues ?
Pour qu'un jour elle me dise : "Ne pleure pas le temps
Qui passe et qui n'est plus!
La Vie trouve sa gloire aux vagues qui s'esquivent,
Et aux blanches écumes que l'on ne revoit plus".

Et voici que je danse dans la baie océane
Empourprée du soleil qui se couche là-bas
Sur l'île de ma jeunesse où crépitaient les flammes
J'entends encore nos rires et nos chants de quinze ans
S'unir à la romance des vagues océanes
Et au vol des oiseaux qui traversent le temps.

*La Palmyre, 2016.*

# L'ÎLE de BEAUTÉ

Sur un sentier je marche quelque part en Cévennes
Et soudain j'aperçois la mer en ses flots bleus.
S'envole alors mon âme par -delà monts et chaînes
Jusqu'à cette île reine déposée par les dieux.

Là-bas, vivent mes cousines qui dansent aux collines
Et voici que j'entends le chant mélodieux
Des hommes de leur terre, puissant et lumineux
Qui fait trembler mon cœur et s'ébranler les cieux.

Beauté ! Son nom est Beauté. Elle est île, elle est reine
Et fend les flots bleus de ses falaises ocres et blanches…
À celui qui entend les sons des airs vibrants
À lui les lumières d'or, les criques de sable blanc …

Beauté ! Son nom est Beauté.
Elle se chante aux maquis dans les senteurs des cistes
Et du thym tout craquant qui bruisse aux mille vents.
Au loin les scintillements de la mer appellent
Au chant des choses
Aux oliviers
Au firmament.

Je l'aperçois d'ici dans mon rêve de brume,
Depuis ce rocher bleu où je suis en Cévennes
Et je rêve et je rêve à ce chant mélodieux
Quand dansent mes cousines, à l'ombre des vieux chênes.

Voici le berger, sur le chemin de pierres, passant devant mes yeux.
Il dit le troupeau, les cloches sur l'esquive,
Et la draille de pierre qui monte vers midi.
Là-bas, l'herbe est verte et tendre, et les fleurs indociles
Se couchent, et puis demeurent, en parfumant les nuits.

Il s'en ira cueillir des feuilles d'hellébore, quand caillera le lait
Pour le fromage frais ; pour l'heure il ne dit rien,
Les bêtes montent encore, jusqu'au mazet de pierres
Abritant son secret.

De l'autre côté des mers, des bribes de maquis
Me parviennent ici. Je vois une cascade
Jaillir dessous la roche. Comme pure est son eau !
Et comme je veux la boire !
Je veux marcher pieds-nus sur le tapis de mousse
Et écouter les sources qui chantent dessous la pierre…

Beauté, son nom est Beauté !
On dirait deux cousines de schiste et de lumière :
La belle Cébenna, Corsica la si fière !
Ensemble elles se partagent les drailles et les bruyères
Les tuiles en ardoise, les vieilles maisons de pierre.

Sur mon tapis de mousse je pense et je soupire
En regardant le ciel en ses astres qui luit.

Beauté, son nom est Beauté !

Elle se prend aux montagnes en ses voiles de brume
Quand les rocs s'étirent pour trouer les nuées.
On la suit aux sillages des oiseaux de fortune
Quand ils frôlent les saisons de leurs chansons de lune.

Elle se croque aux tartines dans l'ombre des maisons
De pain noir ou de seigle, de miel ou de châtaigne
Et le fromage de brebis se donne aux saisons
Et la vigne donne son vin, et les chemins leurs herbes…

Un petit pont de pierres au torrent s'est perdu.
Il n'a pas de nom, mais ses ondes sont claires,
Et les enfants en ses ondes vont pieds nus.

Autour de la table, ce sont chansons et rires
Dessous le figuier ou la treille bien fraîche.
C'est bon d'être un homme quand on aime sa terre,
Qu'on lui donne ses heures, son ardeur, sa sueur.

Tout en haut du chemin, au détour des lentisques
Une cloche d'airain teinte aux vents légers.
Il fait bon entrer là, et prier la Madone
Lui offrir en silence des bouquets de genêts.

Parfois j'entends des chants qui montent des rocailles
Les voix unies des hommes sortent de la montagne,
Et les polyphonies se mêlent aux soupirs
Du soleil couchant dans les vapeurs du soir…

Debout sur le rocher dans mes pensées de brume
Je rêve et rêve encore au chant mélodieux

Qui traverse la mer, jusqu'en terre de Cévennes
Murmurant à mon cœur cet hymne jusqu'aux cieux :

« Beauté, Beauté notre île !
Beauté, Beauté ma reine !
Tu fais de nous des Fils !
Et nous chantons pieds-nus, le soir dans la lumière
Quelque part sur la terre,
Au milieu des flots bleus. »

Castelnau-le-Lez
Le 2/05/2017.

# LE PETIT LIVRE.

*Quartier Saint Germain...*
Paris sous la pluie glisse sur ma joue dessous le ciel
sombre...
Sur le trottoir gris, une mère à genoux
En guenilles, sale et fière, en guenilles, sans courroux.
Près d'elle son garçon.
Dix ans, guère plus. Trempé comme une rivière,
Il regarde la mère, visage de lumière...
Dans ses mains un vieux livre.
Déchiré, abîmé, usé jusqu'à la corne.
Des images colorées, poisseuses, merveilleuses
Dansent sous ses yeux. Il rit. Léger, trempé.

"- Mère, regarde ! Sur cette page-ci, chante une rivière !
Et là, des enfants jouent, ici la sueur du père...
- Hélas mon enfant, moi je ne sais pas lire...".
- Mère, les mots, je vais te les dire..."

Et l'enfant tout tremblant lit les mots qui glissent
Sous les larmes de la mère qui se mêlent à la pluie...
Redouble l'averse. Mais la mère et l'enfant sont ailleurs.
Au pays des mots qui chauffent, au pays des mots qui
rêvent.
Nimbés d'amour heureux.

Paris sous la pluie dessous le ciel gris pleure sur ma joue.
J'ai froid pour la mère et l'enfant de lumière
En guenilles, en torchons, en ces heures de poussière

En ces instants trempés où l'hiver pousse ses gerçures mouillées…
Rien ! Non, rien ne manque à leur bonheur
Car un ami leur ouvre son cœur
Un ami de mots et de couleurs
Mouillées.
Un petit livre usé
Jusqu'à la corne.

Paris, le 9/12/2016.

## DE CE CÔTÉ-CI DU CHEMIN.
*Un matin, de l'autre côté de la voie rapide…*

De ce côté-ci du chemin,

Il y a les chiens heureux qui courent sous les nuages,
Qui pendent au ciel clair, après la nuit d'orage …

Il y a de vastes pentes qui ouvrent leurs mystères
Et des vignes taillées qui traversent l'hiver…

De ce côté-ci du chemin,

Montent les senteurs de la terre en sommeil
Aux rires des cailloux qui roulent sous les pieds.

De ce côté-ci du chemin,

Nul autre bruit que mon cœur qui chante
Tandis qu'au dehors, crissent les foules hurlantes…

Dans l'arbre haut une buse fière
Se fige aux airs qui s'éthèrent…

Et mes pas s'enivrent à chaque trace perdue
Au renard solitaire, l'hirondelle dans les nues.

Une larme d'opale se dévoile soudain
Dans l'aride désert, au détour du chemin.
Est-ce une flaque ? Est-ce une larme ?

Quel est ce miracle de Vie ?
Quels sont ces impossibles possibles,
Ignorés du monde, à peine perceptibles ?

Est-ce des larmes d'amour, oubliées par les dieux ?

Des larmes d'amour, il en est tout autour
Qui scintillent aux branches et s'accrochent à mes pas.
Perles de rosée blanche qu'on ne devinait pas.

De ce côté-ci du chemin
Je suis bien.
Et mon Cœur chante
Dans l'infini beauté
Du matin.

23/01/2016.

## LE PLUS BEAU DES VOYAGES.


Tu me demandes souvent de tous les paysages
Lequel est le plus grand, le plus beau des voyages ?
Je regarde tes yeux qui brillent sur ton visage
Et je voudrais crier, c'est toi, mon paysage !

Tu me viens de si loin pour m'apprendre le temps
Où chaque instant qui vibre est trésor du présent
Tu me viens de si près qu'en chaque éclat du jour
Se confondent nos âmes, ô mon si bel amour…

Et il n'est pas un jour où marchant sur nos rives
Je remercie l'Amour qui me rendit captive
De tes rires et tes lois, ô ma source d'eau vive
De tes rires et tes bras, où pensive je m'enivre.

Tu me demandes alors, lequel de ces voyages
As-tu aimé le plus, quel plus beau paysage ?
Je regarde tes mains posées sur mon visage
Et je voudrais cirer : c'est toi, mon doux rivage !

*Le 05/04/2018*

# Les Petits Bonheurs

# IL SUFFIRAIT.

Il suffirait que se taisent
Nos égoïsmes insensés
Nos coups de gueule inutiles
Nos crispations déplacées.

Il suffirait que les pulsions
Retrouvent leur juste place,
Et s'en retournent au vide
Nos millions de sarcasmes…

Tant de cynisme et d'arrogance
Tant de conflits, d'intolérance…

L'homme n'en sera-t-il donc jamais repu ?

Alors qu'il suffirait de si peu
Pour que la vie soit rire
Et Danse…

Avril 2017.

# LA LAMPE.

*Quand je rentre en mon esprit, qu'y vois-je ?*
Des pensées, des idées, des dogmes, des doutes
Des utopies des préjugés, des chaînes lourdes
Qui m'enferment qui m'enferment.

*Quand je rentre en mon cœur, qu'y vois-je ?*

Des élans, des passions, des désirs, des espoirs

*Quand je plonge en mon âme, qu'y vois-je ?*

Une lumière qui traverse les nombres
Et me transcende toute
Une paix, une berge
Où m'abriter et faire repos.

Un dépouillement, une délivrance
La liberté d'être,
Bonheur, bonheur !

Ô mon âme ! Astre de mes nuits
Soleil de mon être
Qui traverse comme lui
Toutes les strates de l'univers
Pour éclairer qui je suis

Et me veille et me veille
Comme une lampe d'Amour.

Le 17/10/2017.

# L'ÉCRIN.

*(Village de St Jean de Buèges)*

Au loin glissent les nuages
Sur l'azur bleu sans fin
En bas se blottit le village
Au creux de son écrin.

Sous la montagne blanche
Se dresse le château
Bâti par le courage
Des hommes des jours nouveaux.

Crissent d'invisibles brises
Dans la brûlure du chaud midi
À l'ombre des tuiles soupirent
Les pierres au long des nuits.

Plus bas coule la Buèges
Chantant roulant ses clapotis
De notes vertes en bleues arpèges
Aux branches frêles tremblent les nids.

Et sous les arbres de l'hier
Où nous allions tous deux,
Par les sentiers de pierre
Je pense aux jours heureux

Quand tu me pris la main
Au bord de la rivière
L'oiseau sur le chemin

Les hymnes des ondes claires…

Était-ce encore l'hiver ?
Ou déjà le printemps
Amour, à la rivière
L'amour vînt en chantant.

Fraîcheur de nos jeunesses
Beauté du temps passé
Liberté de l'ivresse
Du premier baiser.

Dans l'eau qui caracole
Vois notre amour sans fin
Les feuilles en farandole
Amour, je me souviens.
Au loin glissent les nuages
Sur l'azur bleu sans fin
Toujours blotti le vieux village
Au creux de son écrin.

*Le 10/04/2013.*
*St Jean de Buèges.*

# ONDES D'AUTOMNE

L'automne aussi bientôt s'en ira
Et dans un baiser d'hiver les premiers frimas
Raviront l'onde du soir…

Mais toi, ô Amour ! Reviendras-tu danser
Aux lagons des eaux vives chanter au vent d'été
La romance de nos jours … ?

Quand ta main dans la mienne se glissa sans un mot
Et ton regard de braise se posa sur mon cou,

Que brillèrent les ors
Des roches et des fées
Que murmurèrent les ondes
Turquoises sous les rochers !

Je plonge encore souvent aux lagons des eaux vives
Me souvenant du temps des ans jeunes et ivres,

Ta main sur la mienne dit : « Ne pleure pas ! »,
Le temps qui passe aime…. que nous n'oublions pas.

# CE N'ÉTAIT PLUS L'HIVER

Ce n'était plus l'hiver, ce n'était le printemps
C'était un entre-deux qui n'était pas encore
Je me laissais aller où m'emportait le vent
Une princesse aux pieds nus qui n'avait pas de port…

Dans ce petit café un jour sommes entrés
Délivrant nos paroles autour d'une tasse de thé
Il y avait ton regard qui regardait bien droit
Un regard sans orgueil, et ce sourire de roi

Que pouvaient-il bien voir ces yeux posés sur moi ?
Que mon manteau de larmes, mes fêlures en émoi ?
Avec comme bagage des souvenirs usés
Mes cent mille naufrages et mon manteau froissé ?

Alors à l'horizon soudain j'ai vu un port
Et je n'ai plus voulu ailleurs partir encore
À tes pieds j'ai posé mes valises et mes drames
Mes rires de nouveau-né, mes errances et mes armes.

Ce n'était plus l'hiver, ce n'était le printemps
C'était l'heure où la terre s'éveille lentement
Quand rien ne se devine pourtant dans le silence
Croissent les germes de vie, éclosent les semences.

Alors tu me fis Reine et l'horizon nouveau
Devint une belle terre où paissent des agneaux
La joie pousse en corolles de fleurs de papillons

En ton regard bien droit y ai fait ma maison.


Le 6/04/2018.

# LE FIL DE SOIE.
*(Naissance de ma fille).*


Pour que tes petits pieds, dansent, emplissant l'espace,
Et traversent nos vies pour nous trouver ici,
Il a fallu ce temps, d'attentes, de doutes, d'audaces
Il a fallu des jours, et tant et tant de nuits …

Pour que ton petit Corps s'installe au creux de moi
Et tisse avec mon Cœur ce joli fil de soie
Que rien ne peut détruire, ni mort, ni vie, ni drames,
Que rien ne peut maudire, quand brillent nos deux flammes,

Il a fallu des rêves, des chemins, des voyages
Et l'amour de ton père au plus haut de ma vie
Avec nos cœurs unis, notre âme pour seul bagage
Il a fallu l'amour, doux duvet de ton nid…

Pour que ton rire éclate, comme mille petits soleils
Inondant la maison de beauté, de merveilles,
Que ton regard de Ciel me sonde sans rien dire
Sur ton visage neuf s'esquisse ton beau sourire,

Il fallait bien ce temps, de morts et renaissances
Pour te bercer vivante, au creux de mes deux bras
Il fallut bien ce temps, d'attentes et d'espérance
Pour qu'enfin tu paraisses dans nos vies en émoi.

Et aujourd'hui je sais, que ce furent des années,
Des siècles, et des espaces, et toute l'Immensité …
Oui aujourd'hui je sais, qu'il me fallut tout ça

Pour qu'un jour je parvienne
Enfin *jusque*
*À Toi.*

*Le 23 Juillet 2001.*

# AU JARDIN

Il est un chant très doux de feuilles et d'écureuils
Une danse d'oiseaux et de pétales en fleurs
Qui parfume nos heures quand se suspend l'envol
De nos vies agitées courant de vol en vol…

Il est un petit banc de pierre dessous les arbres
Qui balancent aux vents dans une odeur de pins
Où quand lourd est le monde souvent je vais m'assoir
Abandonner mon âme aux vapeurs des jasmins.

S'écrivent des romances dans les bras du Silence
Se chantent des verdures aux branches en parure
Et des enfants rieurs en d'innocents bonheurs
S'entendent aux frondaisons des nouvelles saisons.

J'allume une chandelle au jardin du Silence
Et la paix est bien là qui peut ensemencer
Les souches et les racines de nos terres en errance
*Dans le rosier du soir, une goutte de rosée.*

*Le 10/04/2018.*

# MÊME LOIN.
### (À mon amie Karine)


Debout dans le plein Ciel
J'écoute ton cœur qui bat

Et une étoile me chante au loin… une danse…
C'est mon amie au cœur de fée
Riche est mon âme en la romance
En la romance d'amitié.

Ton rire éclate en mille soleils
Petits cristaux de feu et d'eau
Brisant le sombre sans pareil
De pauvres plaintes en adagios.

Même loin dans le jour
Je suis proche dans tes nuits
Rires et larmes tour à tour
Tu es riche de Vie…

Debout dans le plein Ciel
J'écoute ton cœur qui bat

Et une larme me danse au loin… une rive
C'est mon amie qui pleure aux vents
De son tourment aux pures eaux vives
Jaillissent soudain les airs vivants.

Force du vivre sur l'obscur !
Joie du simple ! Joie du vrai !

Repousse l'ombre sur l'azur
Vivant Ton cœur, le Jour paraît.

Même loin dans le jour
Je suis proche de tes nuits
Rires et larmes d'amour
Tu es riche de Vie…
Debout dans le plein Ciel
J'écoute ton cœur qui bat

Et un nuage me souffle encore
Un rire…

Le 19 mai 2017.

# LE CHANT DU COEUR.
*À ma Fille.*

Écoute le chant du Cœur.
C'est celui de ton Âme…

Elle sera ton murmure et ton frisson profond.
Elle sera ce qui espère et t'apaise lorsque tes nuits sont
froides.
Elle te dira la pluie qui coule sur ton visage
Et combien précieux est l'instant.

Elle te dira de ne pas craindre les flammes ni la morsure du
doute.
Elle te dira l'Espoir
Et comment mettre tes pas sur la route
De la douce Lumière.

La Lumière ! Si tu savais qu'elle existe vraiment
Tu l'aimerais comme un petit enfant.

Tu ne craindrais plus les ombres et sortilèges.
Tu te mettrais à son écoute à chaque instant du doute.
Car la Lumière se trouve où chante la Sagesse.

*Cherche la Sagesse ! Et tu trouveras ton Âme*
*Au creux de chaque chose …*
*Mon enfant, blottis-toi en cet âtre aux heures de tourmente*
*Les tourbillons du monde seront comme les gouttes de pluie*
*Qui glissent sur la vitre…*

*Le 14 septembre 2017.*

# LES PETITS BONHEURS,
## *Ou Le Chant du Feu.*

Un feu de cheminée
Mes cœurs à aimer
Et au-dehors, l'immobile hiver…
L'oiseau se tait ce soir
Il attend le jour nouveau
De mon Cœur monte une prière :
*Voici, voici tout ce qui fait*
*Mon Bonheur.*

Un feu de cheminée
L'attente des êtres aimés
Et au-dehors, le dur froid d'hiver…
L'oiseau a froid ce soir
Il tremble au chant nouveau
De mon Cœur monte une prière :
*Voici, voici tout ce qui fait mon espoir.*

Un feu de cheminée
Nos cœurs et rires retrouvés
Et au-dehors, la longue nuit d'hiver…
L'oiseau s'endort ce soir
Il rêve au monde nouveau
De mon Cœur monte une prière :
*Voici, voici tout ce qui fait que je suis vôtre,*
*Voici, voici tout ce qui fait que je suis Reine.*

*Le 14/01 /2016.*

## QUE LES ARBRES DU JARDIN…

Que les arbres du jardin la protègent, la jeune fille endormie.
Comme elle est belle ! Comme elle est belle, l'enfant qui
grandit.

Que les arbres soient son antre et la cachent
Des loups et vautours qui rodent alentours,
La volant aux chimères aux grimaces de velours…

Non ! La petite étoile endormie sous le ciel
Est pour ce berger simple de la nuit.
Celui-là seul qui connaît le chemin
Qui la fera briller de Vie.

Le 4 juillet 2017.

## ET QUAND TU PARTIRAS.

Et quand tu partiras à l'autre bout du monde
Je resterai ici au seuil de la maison
Écoutant dans la brise si s'y entend un rire
Ou si ce sont tes larmes qu'apportent les saisons.

Car le cœur d'une mère entend bien tous les bruits
De son enfant qui pleure, de son enfant qui rit

Les brises du jardin là-bas pourront partir
Et te souffler tout bas des chants qui font sourire
Des airs qui font caresse des souffles qui font silence
De Vie d'Amour de Paix pour tes pas qui avancent

Et tu pourras dormir en rêvant aux étoiles
Et tu pourras grandir et hisser haut tes voiles

À l'autre bout du monde je te saurais heureuse
Et pourrais m'endormir dans les heures radieuses.

*Le 6/04/2018.*

# JE CHERCHE UNE CHANSON

Je cherche une chanson
De berger de collines
Une chanson de thym
Et de bruyères de miel

Je cherche une chanson
D'abeilles et d'alouette
Une chanson de vent
De mauve et de grand causse

Je cherche une chanson
De nuages de soleil
Je cherche une chanson
De mas d'histoires perdus,

Comme une légende ancienne que l'on retrouverait
Cachée sous une pierre
Où les chemins se croisent.

Je cherche une chanson
De fées de renard roux
Une chanson de mûres
Et de troupeaux qui paissent

Je cherche une mansarde
Aux souvenirs cachés
Je cherche une cabane
D'enfants et de secrets

Je cherche une rivière
Qui jamais ne se lasse
De nourrir notre terre
Quand le monde trépasse,

Comme un rêve nouveau que l'on retrouverait
Dans le vol d'un oiseau
Où ciel et terre s'embrassent

Je sais une chanson
Qui est bien tout cela
C'est celle de mon cœur
Qui te suit pas à pas
Dans ce monde à venir
Où tu grandis sans cesse
Tu es cette chanson
Mon enfant ma princesse

Et tu enchanteras
Forêts prés et vallons
De tes rires en éclats
De rire et de vermeil

Aussi ne pleure pas
Quand ton cœur est trop lourd
Et que tu ne sais pas
Par où s'en vont les jours

Ils sont une chanson
De berger de collines
Une chanson de père

Et de mère ma divine

Une chanson de vie
Accrochée à ton cœur
Qui où tu vas te suit
Aux rives du bonheur.

Le 6/04/2018

## LA POUSSIÈRE DES FLEURS.

*La rosée enlève la poussière des fleurs*, dit le Seigneur

Alors fais-moi fleur que la rosée me lave

Fais-moi fleur que la rosée me pare

Fais-moi fleur au matin dans le soleil qui lève

Et que tout scintille d'or aux voiles des étoiles…

# J'AIME.

J'aime la brise fine, souffle sur mes cheveux
Le cliquetis des bruines, le crépitement du feu,

*Et puis…*
*La main du vieillard démuni qui glisse dans la mienne*
*Quand le soleil se couche, illuminant mes peines…*

J'aime la table dressée, attendant sous les arbres
Les rires de nos amis qui vont venir ici,
Mêler rires et émois aux danses des grands arbres…

J'aime les blés qui lèvent, verts tendres et tout craquants
Quand disparaît l'hiver, ondulant dans le vent…

*Et puis…*
*La Terre qui chante comme une mère heureuse*
*Riche de ses enfants.*

J'aime après la pluie les petits chuchotis
De l'eau qui s'enruissèle aux pierres des chemins,
Quand les abeilles dorées s'exhalent en lumière
Piquetées de rayons, ondoyant aux parfums.

*Et puis… j'aime*
*Un chant de flûte et de cithare*
*Qui berce mon cœur depuis que tu m'aimes,*
*Depuis que tu m'aimes,*
*Et que notre fille… grandit.*

*Le 21/10/2016.*

## BEAUTÉ.

Je suis entrée dans le paysage si grand
Et j'ai pleuré.

J'ai pleuré la beauté et ce que je ne puis être
J'ai pleuré sur les hommes et le monde en folie
J'ai pleuré pour la vague et son chant infini
Le brillant de tes yeux emportés dans leur quête.

Si grande est la Vie, et certaines mes larmes
De puiser à la Source ce qui manque à mon rire
Tout est là et mes mains s'offrent à cette flamme
Qui crépite de vie, se fond en un soupir…

# C'EST UN RÊVE PERDU.

C'est un rêve perdu aux collines

Un souffle pur qui vous prend et vous porte
Loin, loin sur l'horizon du monde
Et des hommes.

C'est un chant d'oiseau qui se souvient des rires
Du temps et des saisons qui passent

*Il suffit de fermer les yeux*
*Et tout revient*
*Et tout est là.*

C'est un éclat d'argent qui brille dans la rivière
Des mots d'amour aux morts perdus
Qui peut -être marchent en silence sur les sentiers du jour
Côte à côte avec nos larmes
Cœur à cœur en notre amour.

*Il suffit de fermer les yeux*
*Et tout revient*
*Et tout est là.*

Et je voudrais crier vers toi :
*Papa !*
Ce chagrin qui ne veut pas mourir
Parce qu'il est plein de toi.

Le 6/04/2018.

# ET JE PEUX DIRE.

Ici un village endormi au soleil.
Demain le feu qui fume aux âtres.

*Les saisons ne sont pas mortes*
*Elles sont promesses du jour*
*Et toi, mon secret d'amour à mon âme vivante…*

Et je peux dire dans la nuit : *je t'aime.*
Et je peux dire à la lune : *je t'aime.*
Et je peux dire à l'oiseau : *je t'aime.*
Et au soleil qui luit là-haut tout près des morts qui sont
vivants de lumière et des anges : *je t'aime.*
Pour hier, aujourd'hui et demain : *je t'aime.*

Ici un pain qui chauffe et son parfum qui monte : *je t'aime.*
Là-bas un coucher de soleil et mon cœur qui bat
*Je t'aime je t'aime je t'aime*

Tout s'aime de toi dans ce qui se regarde
Et je le crie très haut
Et je le ris très loin

*Tu es mon Aimé*
Dans le silence de mon cœur qui cogne
Et qui te regarde à travers les larmes du jour qui vient.

Le 6/04/2018.

# LES MOTS DU VENT.

*Pour qui sont les mots que Tu me donnes, Ô Très Haut ?*

« - Pour le vent qui les prend et les dépose
Au gré des soifs et des abîmes.

Là une montagne
Ici un oiseau mort
Un petit pont sur l'eau
Un peu plus loin une âme qui tremble en ses abysses
Et appelle
À un sens plus grand".

Mais quelquefois, seul le vent feuillette mes livres,
Car il n'est personne pour les prendre.
Il disperse les mots qui s'ensemencent ailleurs...

Dans la montagne
Près de l'oiseau mort
Sous un caillou de rien
Et le petit pont sur l'eau attend son heure

L'heure où une âme pressera son pas pour les prendre
Et les rendre à la Vie.

Castelnau, le 16/09/2017.

Et je te dis et je te chante
De croire en ta vie comme en ton plus beau rêve
Car tu n'es riche que de cela :
Du petit murmure d'eau qui coule en tes veines
Et qui retournera là-haut quand ici tout s'éteindra.

# DU MÊME AUTEUR

- *Cherche Dieu Ô mon Âme*, éditions du Net. (2016).
- *Les Volcans de braise*, éditions Nouvelle Pléiade. (2015) : PRIX CHARLES BAUDEAIRE 2016, PRIX POÈ.ETES SANS FRONTIÈRES 2016, PRIX de la CTÉ de COMMUNES DE LACQ AUX XXI è JEUX FLORAUX du BÉARN 2013.
- *À l'ombre des arbres en paix, poèmes pour la Paix,* éditions du Net (2015) : PRIX de L'ESPOIR 2015 JEUX FLORAUX MEDITERRANÉENS.
- *Pour que danse l'Enfance,* éditions à Fleur d'âme.(2015).
- *Contes et enseignements de Maître Shen,* éditions À Fleur d'âme. (2014)
- *Gongs d'Haïkus,* éditions à Fleur d'âme. (2014)
- *Pour que chante l'Enfance,* éditions Edilivre. (2014)
- *J'écrirai pour vous dire,* éditions Edilivre. (2013)
- *La petite fille aux feuilles de feu,* conte philo, éditions Edilivre. (2013)
- *Méditations aux Monts Huang Shan,* éditions Edilivre. (2012)
- *Lettres ouvertes à l'Amour,* éditions Edilivre. (2011).